Université de France.

ACADÉMIE DE STRASBOURG.

ACTE PUBLIC
POUR LA LICENCE,

PRÉSENTÉ

A LA FACULTÉ DE DROIT DE STRASBOURG,

ET SOUTENU PUBLIQUEMENT

Le mardi 20 août 1844, à midi,

PAR

FRÉDÉRIC-ACHILLE TRAUTMANN,

DE STRASBOURG (BAS-RHIN),

BACHELIER ÈS LETTRES.

STRASBOURG,

IMPRIMERIE DE G. SILBERMANN, PLACE SAINT-THOMAS, 3.

1844.

A MON PÈRE ET A MA MÈRE.

F. A. TRAUTMANN.

FACULTÉ DE DROIT DE STRASBOURG.

M. Rauter, doyen.

M. Rau, président de la thèse.

Examinateurs. {

MM. Rau,
Blœchel,
Rauter,
} professeurs.

Eschbach, professeur suppléant.

JUS ROMANUM.

PARS PRIMA.

DE MUTUO.

Obligatio est juris vinculum, quo necessitate adstringimur alicujus solvendæ rei, secundum nostræ civitatis jura.

Obligationes aut ex contractu sunt aut quasi ex contractu, aut ex maleficio, aut quasi ex maleficio. In iis quæ ex contractu sunt, quatuor inveniuntur species : vel re contrahuntur, vel verbis, vel litteris, vel consensu.

Obligationes dicuntur re contrahi quandò in consensu et in re datâ vel factâ consistunt; ad hujus obligationum speciem non solùm pertinent illæ quæ ex contractibus nominatis, sed etiam quæ ex contractibus innomminatis nascuntur; ex quibus omnibus obligationem non nasci constat, nisi datum aliquod aut factum ad conventionem accesserit. Illa tamen differentia notanda est ut licet in contractibus innominatis datio vel factum etiam obligationi initium præbeat, non tamen res eadem aut in genere aut in specie restituenda, ut infrà videbimus. Præterea in contractibus nominatis, quisque specialem sibi et sui nominis actionem generat, dùm ex contractibus innominatis, una et communis actio præscriptis verbis appellata, oritur.

Inter contractus nominatos primùm distinguitur mutuum de quo specialiter despiciamus.

Mutuum inter contractus juris gentium collocandum videtur, et enim non solùm origo ejûs ex usu omnium populorum descendit, sed et quæ forma mutui dandi regulariter recepta est apud Romanos, eâdem quoque quævis aliæ gentes usæ sunt. Nihil naturalius inter homines, alterum altero egenti rem necessariam tradendo, auxiliari.

Mutuum contrahitur cùm respondere, numero et mensurâ constantes, hâc lege dantur accipiunturque, ut ejusdem generis tantùmdem restituantur.

Ob realem contractûs naturam, mutuum non solo consensu fit, sed etiam oportet rem ipsam traditam vel receptam fuisse. Traditione tantùm perficiuntur contractus reales; et in hoc mutuum imprimis ab emptione venditione, a locatione conductione, a societate et a mandato differt, quæ solo consensu constituuntur.

Realis et propriè dicta esse debet datio, ut quandò pecunia a me alicui numeratur, ut ejus fiat sub lege ejusdem generis restituendi.

In mutuo permittitur quoque datio quæ brevi manu fieri dicitur, quandò vitandi circuitûs gratiâ, pecuniam alicui mutuo dedisse fingo quam fortè antèa apud eumdem deposueram.

Si simpliciter promiserim me certam pecuniæ summam mutuo daturum, tatis conventio mutuum non parit sed tantùm nudam pactionem.

Quamvis mutuum ex numero contractuum eorem sit, qui re contrahi dicuntur, nihilominùs tamen conventio requiritur, àc necesse est eo animo pecuniam creditor det, ut mutua fiat, et illâ eâdem opinione a debitore accipiatur. Contractus enim omnis duorum consensum requirit, error consensum excludit in eo qui errat. Hinc si aliâ contractûs opinione quàm dati sunt quis accipiat nummos : ut puta, si ego tibi pecuniam dederim quasi donaturus, tu quasi mutuum accipias, neque mutuum, neque donatio erit, nummi accipientis non fiunt quia aliâ acceperit opinione. Dominium verò non transfertur nisi ex contrahentium utrâque parte concurrat affectus. Nàm in jure non admittitur ut cuiquàm invito jus suum auferatur, nec cuiquàm præter voluntatem quid acquiratur.

3

Traditione statim dominium transfertur in accipientem, *ut ex meo tuum fiat*, undè *mutuum*.

Cùm mutui dationi insit alienatio, intelligitur qui rerum alienandarum dominium, vel alienandi facultatem non habeat, eum nec mutuo dare posse, nemo plus juris in alium transferre potest quàm ipse habet [1].

Pupillus cui nihil sinè tutoris auctoritate alienare permittitur, pecuniam mutuam dando, non eam facit accipientis. Neque mutuo vel aliâ obligatione obstringitur prodigus, qui pronunciatâ bonorum interdictione, pupillo est comparandus. His in casibus, res mutuo data repeti potest, rei vindicatione si adhùc existat; si autem consumpta fuerit, inspice an bonâ vel malâ fide : si bonâ fide, id est si ignoraverit se cum pupillo contraxisse mutuo accipiens, condictione sinè causâ rem consumptam in eodem genere eâdemque qualitate et quantitate restituere cogetur. Si malâ fide, non solùm mutuo danti condictio sinè causâ competit, sed etiam actio ad exhibendum quæ actori utilior quia illi juramento in lite damna sibi illata affirmare licet.

Præterea ad contractûs validitatem facultas contrahendi obligationem mutuo, in accipiente requiritur. Filius familiàs qui generaliter ex omnibus causis tanquàm paterfamilias obligatur, attamen mutuo non astringitur; si nummos acceperit, creditor illos, etsi adhùc extantes vindicare nequit, senatusconsulti Macedoniani exceptione, nec illi competit actio mutui.

Neque mutuo obligatur pupillus qui sinè tutoris auctoritate accepit, quod tamen ità meritò limitatur, nisi locupletiorem ex obligatione eum factum esse prohetur. Naturâ enim æquum est neminem cum alterius detrimento locupletiorem fieri posse.

Quod res mutuo data in dominium accipientis transeat, sequitur ut debitori pereat, quàcumque ratione perdita fuerit. Regulariter a nullo débitore casus fortuiti præstantur ; in mutuo tamen fortuitus casus quo res amissa est, minimè debitorem liberat. Nimirùm duplici de causâ :

[1] D. l. 3, De reg. juris.

tùm quia regulare est ut res pereat suo domino, tùm quia mutui debitor, generis debitor est, genus autem nunquàm perit.

Quod si tamen creditor rem debitam, ritè sibi oblatam sinè justà causâ accipere recusaverit, eaque intereà perierit; debitor, quàmvis genus sive quantitatem debeat, attamen propter moram creditoris, interitu istius rei, ope doli mali exceptionis liberatur.

Mutui datio consistit in his rebus quæ pondere mensurâ, numero consistunt[1], id est in rebus quæ fungibiles dicuntur et primo usu consumuntur.

Creditum cui cum mutuo similitudo est, a mutuo differt ut genus a specie : nàm creditum consistit extra eas res quæ pondere, numero, mensurâ continentur : sicut si eamdem rem recepturi sumus, creditum est. Item mutuum non potest esse, nisi proficiscatur pecunia. Creditum autem interdùm etiam si nihil proficiscatur, veluti si post nuptias dos promittatur[2].

Nihil tamen obstat quin res non fungibiles appellatæ, id est quæ primo usu non consumuntur, etiam mutuo dari possint; nàm res eadem an usu intereat nec ne, solâ contrahentium voluntate fungibilis vel non fungibilis habetur.

Aliis in rebus, ubi ipsa corpora magis quàm quantitas spectantur et quarum ideò altera alteriùs vicem non sustinet, mutuum nullo modo constituitur, veluti in equo, bove, servo; sed commodatum, cui contractui nulla inest alienatio, nàm res in specie restituuntur.

In mutuo restitutio non fit in specie, veluti in pignore, deposito vel commodato, sed in genere; absente illà conditione, quæ essentialis est, nulla constituitur alienatio.

Cùm generaliter in mutuo genus, quod datum est debeat reddi, nec aliud pro alio solvi queat, indè pro vino vel frumento mutuato non cogitur pecuniam vel æstimationem creditor accipere invitus.

---

[1] D. l. 2, XII, I, De rebuscreditis.
[2] Ibid.

5

Hoc tantùm in casu necessitatis fieri potest, id est, si res quæ solvenda erat haberi non possit; tunc æstimatio fungitur vice rei, ne debitor ad impossibile teneatur. Quamvis æstimatio a tempore contractûs aucta fuerit vel imminuta, quantacumque sit præsens æstimatio, debitor liberatur.

Res mutuo data in eâdem quoque bonitate est restituenda, hoc autem non ad mutui substantiam, sed solùm ad mutui naturam spectat; atque ità inter debitorem et creditorem conveniri potest, ut res non in eâdem bonitate, vel in minori quantitate restituatur.

Non autem debitor in plus obligari potest, res data partiumque consensus in mutuo simul requiruntur, ut ex eo id tantùm debeatur, in quo tàm numeratio quàm conventio concurrunt.

Undè si dederim decem et paciscar ut undecim reddas, non nascitur obligatio ultrà decem, nisi quod in plus solvitur adjectâ stipulatione debeatur, re enim obligatio non contrahitur, nisi quatenùs datum sit.

Si debitor rem præstare non possit, vel aliis de causis æstimatio necessaria fiat, sciendum est cujus temporis ratio sit habenda. Si tempus solutionis indicatum fuerit, ad hoc refertur æstimatio. Sin autem non pactum fuerit quo tempore res mutuo data redderetur, tempus litis contestatæ in æstimatione spectandum erit.

Idem jus est in loco; æstimatio fieri debet secundùm locum tempore initi contractûs nominatum; si nullus scriptus fuerit locus in quo fieret solutio, loci ubi res fuerit petita, ratio erit habenda.

Quandò mutuum in nummis consistit, non debitor ad restitutionem in eâdem formâ vel materiâ astringitur, quoniàm in pecuniâ mutuo datâ, non corporis et speciei ratio habetur, sed pretii atque æstimationis; ideò nihil obstat (nisi creditori ex eâ re damnum aliquod inferatur) quominùs pecuniam in aureis nummis acceptam, in argenteis nummis restituam. Nummus quippè materiam et formam publicam habet; forma autem ea, non tantùm nummi figura, aut effigies insculpta sed et imprimis æstimatio publica, habetur. Ideòque usum ac dominium non tàm ex substantiâ quàm ex quantitate præbet.

Quod ad tempus solutionis attinet, si nihil de hoc conventum fuerit, creditor, quandò velit, solutionem petere potest. Attamen debitor non statim, ut rem reddat mutuo datam compellendus est : quippè censetur sub eâ conditione rem mutuo datam transferri, ut per aliquod temporis spatium resideat apud debitorem, ita ut tacitè videatur huic contractui in esse congruum fruendi tempus.

Mutuum instar cæterorum contractuum nominatorum specialem et sui nominis actionem generat. Mutuum ex uno tantùm latere obligationem parit, is solus obligatur qui mutuo accepit, adversùs eum creditori competit actio quæ vocatur actio mutui, vel certi condictio.

PARS SECUNDA.

DE USURIS.

Mutuum de quo suprà tractavimus principium est usuræ quæ nihil aliud est nisi mutuum non gratuitum. Undè usura est accessio quam debitor pro usu rerum fungibilium, mutuo et principaliter acceptarum, suprà sortem creditori in eodem genere solvit.

Pecunia et fruges fœnerari possunt.

Ut pecunia usuras producat, opportet illam numeratam fuisse et principaliter deberi; prohibentur enim usuræ usurarum quas anatocismum vocant; parùm refert utrùm usuræ quarum usuræ exiguntur sorti ipsæ junctæ fuerint (anatocismus conjunctus), an pecuniâ ex usuris comparatâ, ista separatim debitori mutuo detur (anatocismus separatus).

Fruges quas etiam principaliter deberi oportet, in oleo, vino, frumento et in omnibus rebus quæ mutuo dantur, consistunt.

Additamenta in eodem genere rei acceptæ solvuntur, in nummis si pecuniam, in frumento si frumentum acceperis.

Nec in fructibus usurarum usuræ debentur, non enim admittitur accessio accessionis; excipitur tamen casus petitionis hæreditatis in quo quæcumque fruges antè litem perceptæ, in hæreditatem fluunt illamque augent, et iterùm fruges pariunt.

Antiquissimo jure usuræ, novatione factâ, legitimè in sortem usuras producentem convertebantur; Justinianus autem apertissimâ lege statuit, nullo modo licere cuiquam usuras præteriti temporis vel futuri in sortem redigere et earum iterùm usuras stipulari[1].

Maximus et gravissimus usurarum modus centesima erat, in jure civili, usura legitima, vel as usurarium appellata. Sors fœnori data in centum dividebatur partes, centesimam hujus sortis in menses singulos stipulari licitum erat usuræ nomine, centesima pars illa in unumquemque mensem, singulis Kalendis solvi solebat. Quùm duodecim in anno sint menses et as duodecim etiam partibus, seu unciis constet, centesima illa pars uncia vocabatur; et unoquoque mense soluta, anno elapso efficiebat usuram assis seu as usurarium id est duodecim centesimas.

Semisses, seu semiunciæ singulis mensibus, usuræ modicæ habebantur, quincunces leviores et trientes minimæ.

DE USURARUM CAUSIS.

Duæ sunt usurarum causæ, vel in obligatione vel in officio judicis.

§ 1. *De usuris quæ ex obligatione nascuntur.*

Obligatio usurarum solvendarum proficiscitur vel ex testamento vel ex conventione.

Cùm testatori liceat liberalitatibus suis tales addere conditiones quales velit, dùm nec moribus nec legibus contrariæ sint, rectè jubere potest ut usuræ præstentur. Sic de his agitur in Ulpiani libro 3, § 6, XXXIII, 1. « Si cui certa quantitas legetur, et quoad præstetur,

[1] L. 28, C. de usuris, IV, XXXII.

in singulos annos certum aliquid, velut usuras jusserit testator præstari, legatum valet : sed in usuris hactenùs debet valere, quatenùs modum probabilem usurarum non excedat. »

Si usuræ ex conventione debeantur inter bonæ fidei et stricti juris contractibus distinguendum est.

Quandò pacta quibus usuræ promissæ sunt contractui bonæ fidei in continenti adjiciuntur et sic actionem ex eo descendentem pariunt, præstari debentur. In contractibus autem strictijuris pacta quamvis in continenti sint, usuræ non debentur. In stricti juris contractibus pacta tantùm valent quandò obligationem minuunt; cùm autem usuræ illam augeant, non ex pacto peti possunt.

Usuræ nudo pacto nullo modo debentur, nisi naturaliter; si solutæ fuerint, repeti non possunt. « Quamvis usuræ fœnebris pecuniæ citrà vinculum stipulationis peti non possint, tamen ex pacti conventione solutæ, neque ut indebitæ repetuntur neque in sortem accepto ferendæ sunt[1]. »

Cùm debitor gratuitò pecuniâ utitur, creditori usuras legitimè debitas in fructibus ex re sibi pignoratâ natis, percipere licet[2]. Attamen res pignorata non in solutionem usurarum ex post facto a debitore promissarum, retineri potest[3].

Usuræ stipulatione promissæ jure optimo debentur. Stipulatio enim contractus est jure civili constitutus in hoc ut quæ stipulatione deducta sunt, omnia peti possint. Hoc tamen sic accipiendum est : si usurarum modus certâ stipulatione expressus sit; si simpliciter usuræ promissæ sint, sinè effectu stipulatio est; nàm sinè quantitate quæ in stipulatione exprimatur, nulla est stipulatio quia incerta est. Usuræ stipulatione promissæ jure exigi possunt, sed hâc conditione, si interrogatione præcedente, promissio earum rectè facta probetur. Si stipulatio scripta fuerit, proferre sufficit instrumentum quo patet promissorem

[1] L. 3, Cod. de nauris, IV, XXXII.
[2] L. 4, Cod. hoc titulo, IV, XXXII.
[3] Ibid.

promisisse. Si autem non scripta fuerit, interrogatio et promissio sigillatim probandæ sunt.

Ex diuturnâ usurarum præstatione præsumitur stipulatio usurarum intervenisse. Imò et obligatio sortis ex tali præstatione præsumitur, oportet autem præstationem diutinam fuisse; hinc Antoninus rescribit : « Creditor instrumentis suis probare debet quæ intendit et usuras se stipulatum, si potest. Nec enim si aliquandò ex consensu præstitæ sunt, obligationem constituunt[1]. »

Duo requiruntur conditiones in usuris ex conventione : Oportet modum indicatum fuisse, nec illum fines legitimos transgredi. Qui stipulatur debitorem mutuatam pecuniam soluturum cum usuris quas contrahentibus tempore solutionis statuere placebit, inutiliter stipulatur, nec ullæ debentur usuræ.

Legitimus usurarum modus centesima pars sortis per unumquemque mensem erat; hic modus tamen gravissimus habebatur, et rarissimè solvebatur, nisi in contractibus trajectitiis. Constitutio Justiniani illustribus personis intrà trientem tantùm centesimæ, negotiatoribus intrà bessem cæteris personis intrà semissem, duntaxat usuras exigere permisit.

Non solùm creditoribus ultrà modum legitimum usuras stipulari prohibetur, sed etiam pœnam pro usuris stipulari nemo suprà modum usurarum licitum potest, quod plùs est illicitè stipulatur creditor.

In frugibus usuras ultrà legitimum modum stipulari permittitur, cùm fruges ipsæ mutuo datæ sunt. Si quis quasdam res mutuatas accipiat, ut ex earum venditione pecuniam sibi mutuo datam comparet, modum legitimum transgredi non licet.

Nunc videamus in quod tempus currant usuræ conventionales et quomodò sistantur.

Usuræ ex conventione ex die conventionis debentur nisi ex certâ die vel ex certâ conditione promissæ sint; usuræ usque ad solutionis diem currunt.

[1] L. 7, Cod. de usuris, IV, XXXII.

Tolluntur quoque sortis usurarumque oblatione, obsignatione ac depositione, cùm debitor pecuniam rectè sibi oblatam accipere recusat. « Si creditrici, quæ ex causâ pignoris obligatam sibi rem tenuit, pecuniam debitam cum usuris, testibus præsentibus obtulisti; eàque non accipiente, obsignatam eam deposuisti, usuras ex eo tempore quo obtulisti, præstare non cogeris : absente verò creditrice, præsidem super hoc interpellare debueras[1]. »

His observatis legitimarum usurarum cursus inhibetur et jus pignorum solvitur.

§ 2. *De usuris quæ officio judicis debentur.*

Usuræ in duobus generibus judiciorum citrà stipulationem debentur : in bonæ fidei judiciis et in iis quæ ex testamento nascuntur, id est legatis et fideicommissis. In bonæ fidei judiciis citrà stipulationem usuræ debentur ex conventione et sinè conventione ex morâ.

Usuræ ex conventione debentur, cùm in emptione venditione, re traditâ emptori, hic non statim pretium solvit, sed usuras se præstaturum promisit. Idem est in mercede locationis et cæteris summis in contractu bonæ fidei debitis.

In bonæ fidei judiciis usuræ sinè conventione debentur ex morâ officio judicis. His in judiciis fructus ex morâ præstantur, et usuræ vicem fructuum obtinent. Judex, in bonæ fidei judiciis, ut fit in stipulatione, legitimum usurarum modum egredi non potest; ne centesimam quidem illum regulariter statuere convenit, cùm debeat in bonæ fidei judicio non summum jus sed humanitatem sequi, neque creditoris aviditatem fovere, sed ex æquo et bono æstimare quantùm ei dare oporteat, secundùm morem regionis. De his ità Papinianus[2]: « Cùm judicio bonæ fidei disceptatur, arbitrio judicis usurarum modus ex more re-

[1] L. 6, Cod. de uiuris, IV, XXXII.
[2] L. 1, D., XXI, II.

gionis, ubi contractum est, constituitur : ità tamen ut legi non offendat. »

Sunt tamen casus in quibus principum constitutionibus placuit, usuras non leviores pro more regionis, sed legitimas, sive gravissimas, sive centesimas deberi; veluti si tutor pupillarem pecuniam in usus suos clàm converterit, aut si illam apud se esse negaverit et prætor contrà eum pronunciaverit, vel si moram depositioni fecerit et prætor irrogaverit ei legitimas, si enim vel comminatio prætoris, vel simile quid præcesserit; judex qui quandòque cognoscet, decretum prætoris sequetur[1].

Idem jus est de negotiorum gestore. Nàm et hic domino integram et omni lucro abstinentem fidem præstare debet. Quam si negligit, videtur abuti jure administrandi. Rectè igitur, maximis usuris vice cujusdam pœnæ subjicitur.

Non autem ex morà fiscus usuras dat, scilicet cùm ipse contraxit, sed accipit; cùm autem in loco privati successit, etiam dare solet[2]. Semper fisco semisses usuræ solvuntur.

Non tantùm in bonæ fidei judiciis, sed etiam in legatis et fideicommissis usuræ citrà stipulationem ex morà quoque accedunt. His in contractibus, usuræ, exceptionis gratià, actione stricti juris debentur, quia publicè interest supremas voluntates exitum habere.

Quo tempore sistuntur usuræ quæ citrà conventionem debentur, disputatur inter auctores; complures putant usuras citrà conventionem naturàve contractûs debitas, inhiberi, quandò creditor, oblatione factà in morà fuerit accipiendi, quamvis consignatio secuta non fuerit, et in hoc usuras citrà conventionem debitas, ab usuris conventionalibus differre dicunt. Alii contrà etiam in hoc casu oblationem et obsignationem esse observandas, statuunt.

[1] L. 7, § 4, D., XXVI, VII, De adm. tutorum.
[2] L. 17, § 5, XXII, 1, De usuris.

DROIT CIVIL FRANÇAIS.

CHAPITRE Ier.

DU PRÊT DE CONSOMMATION.

Du prêt en général.

Le prêt en général est un contrat par lequel l'une des parties, le prêteur, livre une chose à l'autre, l'emprunteur, pour qu'elle s'en serve,
à charge de la rendre quand elle s'en sera servie.

Cette restitution peut avoir lieu de deux manières : l'objet est rendu
dans son identité, s'il a été prêté comme corps certain, ou seulement
dans son espèce, s'il a été considéré comme chose fongible par les
parties.

De là deux espèces de prêts que l'art. 1874 du Code civil indique en
ces termes :

« Il y a deux sortes de prêts : celui des choses dont on peut user sans
« les détruire, et celui des choses qui se consomment par l'usage qu'on
« en fait. La première s'appelle *prêt à usage* ou *commodat*, la seconde
« s'appelle *prêt de consommation* ou simplement *prêt.* »

Ces deux contrats appartiennent tous deux aux contrats de bienfaisance, avec cette différence, que le commodat est gratuit de son essence,
tandis que le simple prêt ne l'est que de sa nature ; il peut perdre ce
caractère de bienfaisance pour devenir commutatif.

Cette distinction résulte clairement des termes mêmes des art. 1876 et 1905 du Code civil.

Le commodat et le prêt de consommation ont cela de commun, qu'outre le consentement requis pour tous les contrats, il faut, pour leur existence, qu'il y ait eu tradition réelle ou du moins fictive, ainsi que nous le verrons avec plus de détails.

Ces deux espèces de prêts sont des contrats synallagmatiques imparfaits, c'est-à-dire, qu'ils n'engendrent d'obligation principale et nécessaire que pour l'une des parties, l'emprunteur; celles qui peuvent être imposées à l'autre, ne naissent qu'accidentellement du contrat.

Les différences essentielles, entre ces deux espèces de prêts, consistent d'abord, en ce que, dans le commodat, le prêteur reste propriétaire de l'objet prêté; tandis que, au contraire, il l'aliène dans le prêt de consommation; d'où il suit que, dans le premier, la perte de la chose concerne le prêteur, et que dans le second elle pèse sur l'emprunteur.

Une autre différence, et qui est la conséquence de la première, consiste dans la manière dont s'opère la restitution de la chose prêtée. Dans le prêt à usage, l'emprunteur, débiteur d'un corps certain, le restitue dans son identité, et dans le simple prêt il ne restitue qu'une quantité en remplacement de celle qu'il a reçue, et les risques de la chose prêtée, en sa qualité de propriétaire, tombent à sa charge.

Du prêt de consommation en particulier.

Le prêt de consommation est un contrat synallagmatique imparfait, par lequel l'un des contractants livre à l'autre, avec autorisation de la consommer, une certaine quantité de choses, que celui-ci s'oblige à restituer de même espèce et qualité à l'époque convenue.

Les conséquences attachées à cette définition sont les suivantes :

1° Les choses qui forment l'objet du prêt de consommation sont nécessairement fongibles, c'est-à-dire, de celles qui sont de nature à être remplacées par d'autres choses de même espèce (*fungibiles dicuntur quia earum natura est ut aliæ aliarum ejusdem rerum vice fungantur).*

Les choses fongibles sont ordinairement du nombre de celles qui se consomment par le premier usage, et qu'en Droit romain on désignait sous le nom de *res quæ pondere, numero et mensurâ constant;* en d'autres termes, des choses dans lesquelles on a plutôt égard à une certaine quantité de poids, de nombre ou de mesure, qu'aux individus dont cette quantité est composée.

Si nous disons que les choses fongibles sont ordinairement de celles qui se consomment par le premier usage, c'est qu'il peut fort bien arriver qu'une chose, quoique non susceptible d'être consommée par le premier usage, puisse cependant être considérée comme fongible. Les termes de l'art. 1874 précité sont erronés en ce qu'ils font supposer que les choses qui ne se consomment pas par l'usage, sont seules propres au commodat, et que les choses qui se consomment peuvent seules servir au prêt, tandis que ces dernières peuvent aussi servir au commodat quand elles sont restituées en pièces identiques (*in specie*), et réciproquement il est des choses qui forment l'objet du *mutuum*, quoiqu'elles ne se consomment pas par le premier usage.

En un mot, les choses, quelle que soit leur nature, peuvent être employées au prêt de consommation ou à usage, elles seront fongibles ou non fongibles, selon le point de vue sous lequel elles auront été envisagées par les parties.

Cependant on ne saurait prêter en consommation des choses qui, quoique de même espèce, diffèrent dans l'individu (C. c., art. 1874).

On pourrait bien prêter des animaux, en les considérant non dans l'individu, mais comme quantité et à raison de l'espèce : si un boucher emprunte à un autre dix moutons pour son commerce, à charge de lui en rendre dix autres de même qualité, ce sera un véritable prêt de consommation; mais lorsque ce sont les mêmes individus qui doivent être rendus, on rentre dans le cas de l'art. 1894, où la consommation n'est plus possible; par la manière dont s'opère la restitution, le contrat sera un prêt à usage.

Pour être en droit de consommer, il faut être propriétaire de la chose, et la propriété dans le prêt de consommation ne se transfère que par la tradition, c'est-à-dire par la délivrance de la chose.

Il est impossible de concevoir un prêt, soit de consommation, soit à usage, sans qu'une chose ait été livrée à cet effet; c'est de l'accomplissement de ce fait extérieur et matériel que dépend la validité du contrat. De là, le nom de contrat réel donné au prêt, ainsi qu'au dépôt et au gage, dont la validité dépend de la remise de la chose; c'est en quoi ces contrats diffèrent essentiellement du contrat de vente, de société, du louage et du mandat qui sont parfaits par le seul consentement des parties.

Il est cependant un cas exceptionnel où le seul consentement peut suffire à la formation du prêt de consommation, celui où, par exemple, par l'effet du dépôt, la chose à prêter se trouve déjà entre les mains de l'emprunteur. Il s'opère en ce cas une tradition fictive par laquelle le propriétaire est censé reprendre sa chose pour la rendre à titre de prêt à l'emprunteur; cette tradition, en Droit romain, était appelée *brevi manu*.

2° Le but de la tradition nous mène à la seconde conséquence dérivant du prêt de consommation, la translation de propriété.

C'est dans la translation de propriété que gît le caractère essentiel et distinctif du prêt de consommation, c'est ce qui le distingue du prêt à usage, et de là en Droit romain la dénomination de *mutuum* : *Appellata mutui datio ab eo quod de meo tuum fiat, et ideò si non fiat, non nascitur obligatio* (L. 2, § 4, *ff. de reb. cred.*).

De cette translation de propriété inhérente au prêt de consommation il résulte que le prêteur doit être propriétaire de la chose; ou que du moins, s'il ne l'est pas, il agisse au nom du véritable propriétaire.

Dans le cas où le prêteur aurait livré, en son nom, la chose d'autrui et sans le consentement du propriétaire, une ratification de la part de ce dernier rendrait valable le contrat, quoique dans le principe il n'eût pas existé; car l'effet de la ratification équivaut à un mandat. Comme, dans ce cas, le prêt n'a pas été fait au nom du propriétaire, mais de celui qui a livré la chose, c'est aussi à ce dernier qu'appartiendra l'action naissant du prêt et auquel la restitution devra se faire, sauf à lui à en tenir compte au propriétaire.

Mais si le propriétaire n'a pas ratifié le prêt qui a eu lieu sans son aveu, quel sera le sort du contrat? Il faut, à cet égard, distinguer entre la bonne ou la mauvaise foi de l'emprunteur. S'il a consommé de bonne foi, le prêt sera valable. Quoique, par le défaut de translation de propriété, l'emprunteur ne soit pas en droit de consommer, et qu'il ne contracte point l'obligation particulière au simple prêt de restituer une quantité pareille, mais bien de rendre la chose dans son identité, il n'en est pas moins vrai que, par la consommation de bonne foi, le prêt devient valable *ex post facto*.

Comme la translation de propriété n'a d'autre but que de permettre à l'emprunteur d'user et d'abuser de la chose, la consommation de bonne foi doit, par une fiction juridique, faire supposer que véritablement il y a eu translation de propriété.

Le véritable propriétaire ne peut pas intenter l'action en revendication, parce que la chose n'existe plus entre les mains de l'emprunteur. L'action naissant du prêt ne lui compète pas non plus, elle n'appartient qu'à celui au nom duquel le prêt s'est effectué.

Enfin, l'emprunteur n'est pas non plus passible de l'action en revendication, comme ayant cessé de posséder par dol, puisque nous supposons qu'il a consommé la chose de bonne foi.

Il y a plus, l'emprunteur en invoquant l'art. 2279 du Code civil, qui établit : qu'en fait de meubles possession vaut titre, peut repousser les prétentions du propriétaire, par cela seul qu'il possède, lors même que la chose existerait encore entre ses mains, pourvu qu'il ait été de bonne foi en la recevant (art. 1141), et qu'elle ne soit pas tombée entre les mains du prêteur par le cas de perte ou de vol; autrement il serait soumis pendant trois ans à la revendication de la part du propriétaire.

Si la consommation a eu lieu de mauvaise foi, elle n'a pas pour effet d'opérer translation de propriété, et le prêt ne peut devenir valable *ex post facto*. L'emprunteur, en ce cas, sera soumis de la part du propriétaire à l'action en revendication ouverte contre ceux qui *dolo desierunt possidere*.

Pour prêter à consommation, il ne suffit pas d'être propriétaire, il faut encore être capable d'aliéner. Or, comme en principe un mineur ou un interdit ne peut pas aliéner, il ne peut valablement prêter à consommation. Un tel prêt n'emporterait pas translation de propriété, et tant que la chose existerait entre les mains de l'emprunteur, elle pourrait être revendiquée par l'administrateur des biens de l'incapable.

Si la chose prêtée a été consommée de mauvaise foi, le mineur exercera l'action *ex mutuo* ; l'emprunteur opèrera la restitution en pareille quantité ; de plus, il sera tenu à la prestation des dommages-intérêts s'il y a lieu.

Mais toute action établie en faveur du mineur tombe, s'il est prouvé qu'il a employé des manœuvres frauduleuses pour déguiser son incapacité aux personnes avec lesquelles il a traité. Hors ce cas l'emprunteur ne peut pas se prévaloir de l'incapacité du mineur ou de l'interdit avec lequel il a contracté ; il est lié de même que s'il s'était engagé envers une personne jouissant de l'entier exercice de ses droits.

3° Une troisième conséquence attachée à la définition du *mutuum*, est que, par l'effet de ce contrat, l'emprunteur, en recevant l'usage et la propriété d'une quantité, s'est obligé à restituer une quantité égale de même espèce et bonté.

Si la chose, quoique fongible de sa nature, était restituée dans son identité, ce ne serait plus un *mutuum*, mais un prêt à usage *ad ostentationem*, car celui qui l'aurait reçue n'en serait pas devenu propriétaire.

Dès qu'il y a eu véritablement *mutuum*, la restitution identique de la chose devient impossible, puisque, par l'effet même du contrat, elle se trouve consommée ; il est donc de l'essence du prêt de consommation que l'emprunteur contracte l'obligation de rendre une même quantité.

Lorsque le prêt consiste dans une chose fongible autre que de l'argent, la même quantité et qualité doit être restituée, lors même que dans l'intervalle elle eût augmenté ou diminué de valeur.

La restitution doit avoir lieu en choses de même espèce; si je donne de l'huile pour du vin, ce n'est plus un prêt, mais un échange; ou si, pour du vin prêté, je me suis obligé de payer une certaine somme, le contrat est une vente.

Si le prêt consiste en une somme d'argent, l'emprunteur ne sera tenu que de la somme numérique insérée au contrat, peu importe que les pièces de monnaie qui servent de payement soient ou non de même espèce que celles qui ont été prêtées, pourvu qu'elles aient cours au moment du payement (art. 1895).

La raison en est que ce ne sont point les pièces de monnaie, mais seulement la valeur qu'elles représentent, qui forment la matière du prêt; c'est cette valeur que l'emprunteur s'est obligé de rendre, peu importe en ce cas le changement dans les signes qui la représentent.

La règle posée dans l'art. 1895 n'est plus applicable au cas où le prêt a été fait en lingots (art. 1896). L'art. 1897 place, quant à la manière dont s'opère la restitution, les lingots sur la même ligne que les denrées; l'emprunteur sera donc tenu de rendre des lingots de même quantité et qualité.

Outre les trois conséquences tirées de la définition du prêt : 1° chose fongible, 2° translation de propriété, 3° obligation de rendre autant, il est une autre condition qui est essentielle, et que le prêt de consommation a de commun avec tous les autres contrats : c'est le consentement.

Il doit intervenir sur tout ce qui a formé la substance du contrat. Si vous me prêtez de l'avoine quand je désirais obtenir du froment, il n'y a pas de prêt, puisque notre consentement n'a pas porté sur le même objet.

Si l'on me donne à titre de *mutuum* une somme d'argent que j'entendais recevoir à titre de *commodat* pour en faire usage *ad ostentationem*, il n'y aura pas non plus de prêt; le consentement, il est vrai, a porté sur le même objet, mais non sur la translation de propriété, et si, dans ce cas, la chose venait à sortir de mes mains par une force majeure, elle aurait péri pour le prêteur.

. Mais si, dans l'exemple allégué, l'argent a été dépensé, le *mutuum* renaît par cette consommation, et le prêteur exercera valablement contre l'emprunteur l'action *ex mutuo*.

Enfin, il n'y a plus de prêt lorsque le consentement entre les parties n'est pas intervenu sur l'obligation d'en rendre autant, quoiqu'il fût intervenu pour la translation de propriété.

Des obligations du prêteur.

Le prêt étant un contrat synallagmatique imparfait, ne peut engendrer qu'une seule obligation; c'est celle imposée à l'emprunteur de rendre en même quantité et qualité. Néanmoins, le législateur, pour garantir autant que possible les intérêts de l'une ou de l'autre partie, a cru devoir soumettre aussi le prêteur à certaines obligations. Ces obligations ne naissent pas du prêt même, mais seulement accessoirement à ce contrat; elles sont fondées sur la bonne foi qui doit présider à toute espèce de contrats

La première de ces obligations est consignée dans l'art. 1898. Cet article, de même que l'art. 1891, l'établit pour le prêt à usage, rend le prêteur responsable des défauts de sa chose, quand ils sont de nature à causer un préjudice à l'emprunteur, et qu'en ayant eu connaissance, il n'en a pas averti ce dernier.

En second lieu, le prêteur ne peut redemander les choses prêtées avant le terme convenu. Si le terme de restitution n'a pas été fixé, le juge peut, suivant les circonstances, accorder un délai à l'emprunteur. Mais l'art. 1188 met obstacle à cette faculté toutes les fois que le débiteur se trouve en cas de faillite, ou que par son fait il a diminué les sûretés qu'il a données par le contrat à un créancier.

L'art. 1244 permet aussi au juge, dans le cas où il a été fixé un terme, et que ce terme soit échu, d'accorder un délai à l'emprunteur,

en prenant en considération sa position ; toutefois le juge ne doit-il
user de ce pouvoir qu'avec la plus grande réserve.

S'il a été seulement convenu que l'emprunteur payerait quand il le
pourrait ou quand il en aurait les moyens, le juge fixera un terme de
payement suivant les circonstances (art. 1901). Les termes dont se sert
cet article sont impératifs et prouvent que dans ce cas le juge doit toujours fixer un délai, car ce droit résulte de la rédaction même du contrat de prêt tel que le suppose cet article. Au contraire, pour le cas où
rien n'a été convenu pour l'époque de la restitution, l'art. 1900, en
statuant que le juge *peut* accorder un délai, lui laisse, selon les circonstances où le prêt a eu lieu et selon l'intention présumée des parties
touchant l'époque où devait s'opérer la restitution, la faculté d'accorder un délai ou d'ordonner la restitution immédiate.

Si, dans l'une ou l'autre de ces hypothèses, la solvabilité du débiteur a diminué depuis le prêt, le juge, sur la demande du prêteur,
peut ordonner que l'emprunteur auquel il accorde un délai soit tenu
de fournir caution.

Des obligations de l'emprunteur.

L'obligation principale de l'emprunteur consiste, dans l'une des
conditions essentielles au prêt qui ont été énoncées plus haut, dans
la restitution des choses prêtées en même quantité et qualité, si elles
consistent en choses fongibles autres que de l'argent.

Le payement ou la restitution doivent se faire au terme et au lieu
convenus.

Quand le contrat indique le terme, c'est à l'époque fixée que le payement doit s'effectuer ; jusqu'à ce moment l'emprunteur jouit d'une exception pour repousser l'action par laquelle le prêteur demanderait la
restitution de la somme ou de la chose prêtée

Si aucune convention ne règle le terme, ou si l'emprunteur s'est engagé à restituer la chose prêtée à la première réquisition du prêteur,
celui-ci ne peut pas cependant exiger la restitution à une époque trop

rapprochée du prêt, parce que ce contrat, par sa nature même, sup·
pose un certain laps de temps nécessaire à la consommation de la
chose.

Si le lieu n'a pas été déterminé, la restitution, s'il s'agit d'une somme
d'argent, doit se faire au domicile du débiteur (art. 1247). Lorsque le
prêt consiste en choses fongibles autres que de l'argent, la restitution
doit s'opérer au lieu où le prêt s'est effectué, par la raison que la valeur de ces objets peut varier d'un lieu à l'autre (art. 1903, al. 2). La
disposition par laquelle l'art. 1247 statue que hors le cas où le lieu n'a
pas été désigné, et où la chose n'est pas d'un corps certain et déterminé, le payement ne doit pas se faire au domicile du débiteur, n'est
donc pas applicable au prêt de consommation.

Si l'emprunteur se trouve dans l'impossibilité de restituer de la manière prescrite en l'art. 1902, il est tenu de payer la valeur de la chose,
eu égard au temps et au lieu où, selon les termes de la convention,
elle devait être rendue. Dans le cas où le temps et le lieu n'ont pas été
désignés, le payement doit s'effectuer au prix du temps et du lieu où
l'emprunt a été fait (art. 1903).

Le payement de la valeur de la chose fongible est le seul moyen dont
le prêteur puisse être indemnisé; il constitue une espèce de dommages-
intérêts résultant de l'inexécution de l'obligation, une compensation du
tort qu'il peut avoir éprouvé du défaut de restitution en nature de
l'objet prêté.

En matière de compensation, l'art. 1291, al. 2, statue d'une manière
analogue que les prestations en grains ou denrées non contestées, et
dont le prix est réglé par les mercuriales, peuvent se compenser avec
des sommes liquides et exigibles.

Enfin, l'art. 1904 porte que si l'emprunteur ne rend pas les choses
prêtées ou leur valeur au terme convenu, il en doit l'intérêt du jour
de la demande en justice.

L'intérêt dont il est question dans cet article, est l'intérêt légal, auquel le législateur a entendu fixer les dommages-intérêts qui peuvent

résulter au prêteur de l'augmentation de valeur qu'a pu éprouver la quantité prêtée depuis le jour de la demande en justice.

Les dispositions de l'art. 1904 ne sont qu'une application spéciale de la règle générale posée en l'art. 1153, aux termes duquel les dommages et intérêts résultant du retard dans l'exécution des obligations qui se bornent au payement d'une certaine somme, ne consistent jamais dans la condamnation aux intérêts fixés par la loi.

CHAPITRE II.

DU PRÊT A INTÉRÊT.

Ainsi que nous avons eu occasion de le remarquer, le prêt de consommation n'est pas gratuit de son essence, mais seulement de sa nature; il peut avoir lieu à titre onéreux, et sous ce dernier point de vue, il prend le nom de prêt à intérêt ou de constitution de rente selon les distinctions qui seront établies.

En Droit naturel il paraît injuste de contraindre quelqu'un à rendre plus qu'il n'a reçu : aussi la stipulation d'intérêt a-t-elle été, dans notre ancien Droit, constamment défendue par les lois canoniques et les ordonnances royales.

Mais les réclamations réitérées des publicistes et des économistes qui considéraient cette prohibition comme contraire à l'extension du commerce et aux progrès de l'industrie, finirent par triompher de ce scrupule consacré à la fois par la religion et par le Droit civil.

Les lois modernes se ressentirent de ce changement dans les idées, et permirent que dans le contrat de prêt on stipulât des intérêts. Mais la législation, avant d'arriver à l'état actuel, dut, sous ce point, comme sous beaucoup d'autres, subir un certain nombre de transformations. Le 2 octobre 1789, l'Assemblée constituante décréta que : « Tous par-« ticuliers, corps, communautés et gens de mainmorte, pourraient à

« l'avenir prêter l'argent à terme fixe, avec stipulation d'intérêt suivant
« le taux déterminé par la loi, sans entendre rien innover aux usages du
« commerce. »

L'intérêt légal fut fixé au taux de cinq pour cent, sauf la retenue du
cinquième, pour l'acquittement des contributions. A l'égard du commerce, les usages faisaient la règle, d'où il résultait qu'en ce point le
décret semblait abandonner à la volonté des parties la fixation du taux
de l'intérêt

La loi du 11 avril 1793, en déclarant expressément l'argent mar-
chandise, favorisa l'usure la plus monstrueuse, c'était à qui stipulerait
les intérêts les plus élevés. Ces excès se multiplièrent à la faveur des
troubles de la révolution et de l'incertitude qui existait dans la jurisprudence sur cette matière.

Le Code civil posa les fondements de la législation actuelle dans
l'art. 1907 : « L'intérêt est légal ou conventionnel; l'intérêt légal est
« fixé par la loi. L'intérêt conventionnel peut excéder celui de la loi,
« toutes les fois que la loi ne le prohibe pas. » A raison des circonstances
difficiles au milieu desquelles cette disposition fut édictée, le législateur,
en distinguant entre l'intérêt légal et conventionnel, abandonna le
taux de cette dernière espèce d'intérêts à la volonté des parties; mais
seulement le taux devait-il être constaté par écrit; de là de nouveaux
excès dans les stipulations d'intérêts auxquelles on n'avait imposé d'autre
frein que la honte.

Mais les dispositions finales de l'art. 1907 avaient laissé deviner qu'une
loi future viendrait régler le taux de l'intérêt conventionnel, et c'est ce
qui arriva en effet par la loi du 3 septembre 1807, qui défendit toute
stipulation d'intérêts au-dessus de cinq pour cent en matière civile, et
de six pour cent en matière commerciale.

Il est des cas exceptionnels où la stipulation d'intérêt peut excéder
les limites de la loi à raison du caractère aléatoire du contrat; tels sont
les contrats de rente viagère et les contrats à la grosse (art. 1971 du
Code civ., art. 311 et suiv. du Code com.).

De l'état actuel de la législation, il résulte qu'on peut définir le prêt à intérêt comme un contrat qui consiste à stipuler dans les proportions déterminées par la loi un certain prix pour prêt, soit d'argent, soit de denrées ou autres choses mobilières.

Par les termes *denrées* ou *autres choses mobilières,* on doit comprendre les diverses choses fongibles qui peuvent former l'objet du prêt de consommation. Cependant l'argent est l'objet le plus fréquent du prêt à intérêt. Ce prêt n'étant qu'une espèce de prêt à consommation, la propriété de l'argent est transférée à l'emprunteur, lequel est obligé de rendre en espèces ayant cours au moment du payement, la valeur nominale fixée au contrat.

Les intérêts sont dus généralement en argent. Lorsque le prêt a été fait en denrées, les intérêts se règlent d'après l'appréciation faite au moyen des mercuriales, à défaut de stipulation expresse. On peut aussi stipuler que l'intérêt sera payé en denrées : en prêtant six boisseaux de blé, on peut convenir qu'il en sera rendu sept.

Peut-il y avoir taux excessif d'intérêts dans un prêt fait en denrées ? De ce que la loi du 3 septembre 1807 ne fixe que le taux de l'intérêt pécuniaire, les auteurs ont conclu que la plus grande liberté subsiste dans les stipulations de ce genre. Mais il nous semble que les juges, tout en ayant égard aux fréquentes variations dans la valeur des denrées et autres objets mobiliers, pourraient bien annuler l'obligation comme ayant une cause usuraire dans tout ce qu'elle aurait d'excessif; sinon il serait trop facile d'éluder la loi qui prohibe l'usure.

Si l'intérêt est stipulé en objets mobiliers qui ne puissent être évalués d'après les mercuriales, ils doivent être estimés par l'acte de prêt. Mais s'ils n'ont pas été évalués dans l'acte, ils pourront l'être par les tribunaux ou par des experts, et si leur valeur excède le taux légal, il y aura lieu à réduction ou à restitution.

L'intérêt, quant à ses différentes espèces, peut se diviser en *intérêts conventionnels, intérêts de plein droit,* et *intérêts judiciaires* ou *moratoires.*

Les intérêts conventionnels sont ceux qui résultent d'une convention spéciale et directe, comme en matière de prêt, soit d'une stipulation contenue dans un contrat d'une autre nature, comme vente, donation, testament, transaction, etc.

La stipulation d'intérêts, hors les cas qui vont être signalés, ne se supplée jamais; elle doit toujours être expresse.

On appelle intérêts de plein droit, ceux qui sont déterminés par la nature seule du contrat qui établit l'obligation; ils courent et peuvent être exigés, sans qu'il y ait eu stipulation à cet égard dans l'acte, pourvu toutefois qu'il n'y ait pas eu convention contraire.

En matière de vente d'immeubles, il est de principe que, lorsque l'immeuble vendu produit des fruits, l'acquéreur qui les perçoit, doit les intérêts de son prix, comme représentant les fruits soit civils, soit naturels de l'immeuble (art. 1652, al. 2).

En matière de tutelle, les intérêts courent de plein droit contre le tuteur. Dans les différentes hypothèses des art. 455, 456, 509 et 474 du Code civil, les intérêts sont encore dus de plein droit dans les cas des art. 1440, 1448 et 1473 du même Code.

Enfin, les intérêts judiciaires sont ceux qui ne courent que par l'effet d'une demande en justice; ils sont appelés moratoires, parce qu'ils ne sont adjugés que pour compenser le retard apporté à payer une créance exigible. Le créancier qui veut obtenir des intérêts moratoires, doit mettre son débiteur en demeure de payer la dette, par une demande judiciaire qui comprend les intérêts.

Quant à son taux, l'intérêt est *légal* ou *conventionnel*. La loi du 3 septembre 1807, dont nous allons parcourir les dispositions, porte à cet égard:

Art. 1er. « L'intérêt conventionnel ne pourra excéder, en matière ci-« vile, cinq pour cent, ni en matière du commerce, six pour cent; le « tout sans retenue. »

Art. 2. « L'intérêt légal sera, en matière civile, de cinq pour cent, « et, en matière du commerce, de six pour cent; aussi sans retenue. »

<table>
<tr><td>T</td><td>4</td></tr>
</table>

Tout ce qui dépasse ce taux est réputé usure; or, l'usure est punie par la loi comme un délit. Autrefois l'usure était toujours réputée délit, peu importait qu'il y eût ou non répétition d'actes usuraires. Mais la loi de 1807 ne considère comme délit que l'habitude d'usure. Prise isolément, c'est une simple infraction à une disposition civile sujette à nullité. De là deux modes de répression contre l'usure : l'action civile et l'action publique; la première appartenant exclusivement aux individus lésés, la seconde au ministère public.

Action civile.

L'art. 3 de la loi du 3 septembre 1807 est ainsi conçu : « Lorsqu'il « sera prouvé que le prêt conventionnel a été fait à un taux excédant « celui qui est fixé par l'art. 1er, le prêteur sera condamné, par le tri- « bunal saisi de la contestation, à restituer cet excédant s'il l'a reçu, ou « à souffrir la réduction sur le principal de la créance, et pourra même « être renvoyé, s'il y a lieu, devant le tribunal correctionnel pour y être « jugé, conformément à l'article suivant. »

Cet article permet donc à la personne lésée par un prêt usuraire d'intenter une action devant les tribunaux civils, quoiqu'il déclare que la condamnation sera prononcée *par le tribunal saisi de la contestation;* ce qui semblerait n'accorder au débiteur qu'un droit d'exception, lorsqu'il y aurait déjà contestation en cause : on ne peut douter qu'il ne puisse, par action principale, demander la restitution ou l'imputation des intérêts usuraires.

Lors même que le titre, fût-il authentique, ne permettrait pas de supposer qu'il y a eu prêt usuraire, tant par la qualification qu'on lui aurait donnée, que par les conventions qu'il renferme, il serait permis de prouver par témoins, sans aucun commencement de preuve par écrit, même devant les tribunaux civils, qu'il y a eu prêt usuraire. La jurisprudence est fixée sur ce point; elle se fonde sur ce que le fait d'usure a toujours eu le caractère du dol et de la fraude, de la violence et de la simulation (arg. art. 1353).

Cette question ne présente pas de doute en matière criminelle où la preuve testimoniale est admissible contre toute espèce de délit.

L'habitude d'usure étant un délit, et se composant de plusieurs faits successifs qui en sont les éléments nécessaires, il en résulte que chacun de ces faits participe de la nature du délit et peut être prouvé de la même manière.

Cette preuve par témoins, sans commencement de preuve par écrit, est admissible contre l'acte authentique, sans qu'il soit besoin de recourir à l'inscription de faux, à moins que les faits articulés ne contredisent, d'une manière directe et formelle, ceux qui auraient été attestés comme s'étant passés en la présence de l'officier public.

Comme la loi assimile les présomptions à la preuve par témoins, il en résulte qu'elles peuvent aussi être admises pour établir qu'un acte renferme une convention usuraire; mais les présomptions, ainsi que l'exige l'art. 1353 du Code civil, doivent être graves, précises et concordantes.

Lorsque le fait d'usure dont un particulier se plaint devant un tribunal civil, est déclaré devenu inattaquable par un jugement rendu en police correctionnelle, il n'est pas nécessaire de présenter d'autres preuves. La chose jugée sur la poursuite de la partie publique, l'a été dans l'intérêt de la société et pour tout le monde.

La prescription peut servir, devant les tribunaux civils, à écarter l'action contre l'usure intervenue dans un prêt d'argent. Elle est trentenaire, que l'usure soit formelle, c'est-à-dire exprimée par les termes du contrat, ou palliée, c'est-à-dire dissimulée par un contrat licite. Cette prescription ne commence à courir que du jour où s'est effectué le dernier payement des intérêts supérieurs au taux que la loi détermine.

L'art. 3 de la loi du 3 septembre n'annulle pas entièrement la stipulation qui est entachée d'usure; le prêteur n'est tenu de restituer que l'excédant du taux légal : la partie usuraire seule est rendue nulle.

Action publique.

L'art. 4 de la loi du 3 septembre porte :

« Tout individu qui sera prévenu de se livrer habituellement à l'usure,
« sera traduit devant le tribunal correctionnel, et, en cas de conviction,
« condamné à une amende qui ne pourra excéder la moitié des capi-
« taux qu'il aura prêtés à usure. S'il résulte de la procédure qu'il y a
« eu escroquerie de la part du prêteur, il sera condamné, outre l'a-
« mende ci-dessus, à un emprisonnement qui ne pourra excéder deux
« ans. »

Ainsi c'est l'habitude qui constitue le délit d'usure, l'habitude de faire des actes usuraires, ce qui suppose une collection de faits d'usure; de là le nom de *délit collectif* que prend l'usure, ainsi que tous les délits qui consistent dans l'ensemble de plusieurs actes de la même espèce, sans égard à l'objet individuel de chaque acte, et dont la seule réunion ou collection constitue le délit[1].

Deux faits d'usure ne suffiraient pas pour faire considérer le prêteur comme usurier; il y aurait en ce cas récidive d'usure et non une habitude. Quant au nombre de faits suffisant pour établir cette habitude, c'est au tribunal à se décider d'après l'appréciation des faits et des circonstances.

Du caractère complexe dé l'usure on a conclu que la poursuite de ce délit ne pouvait être exercée que par le ministère public et non par les personnes lésées, parce que chacun ayant à se plaindre d'un fait isolé, ne peut pas établir l'habitude d'usure; c'est seulement le ministère public qui, réunissant en un faisceau les divers faits d'usure reprochés au même individu, peut le déclarer en délit d'usure.

Cette conclusion n'est pas entièrement juste en ce que la jurisprudence considère comme habitude d'usure le cas où plusieurs prêts usuraires auraient été faits successivement à la même personne par le même prêteur. C'est ce qui a été jugé par un arrêt de cassation du

[1] M. Rauter, *Traité de droit criminel français*, vol. Iᵉʳ, p. 227.

4 mai 1826 : « Attendu que l'habitude de faire un acte illicite existe,
« soit qu'on le fasse successivement à l'égard d'une seule personne ou de
« personnes diverses, puisque dans l'un et l'autre cas il y a répétition
« successive d'un fait dont la répétition habituelle est réputée délit par
« la loi. »

De ce que plusieurs prêts faits successivement à la même personne
constituent un délit d'usure, il résulte implicitement que l'action civile pour délit d'usure peut, en ce cas du moins, être intentée devant
le tribunal correctionnel par un simple particulier.

Du reste, il importe peu pour la poursuite du délit d'usure et pour
sa constatation que les stipulations soient expresses ou verbales; ce
n'est pas le signe de la convention qui fait le délit, c'est la stipulation
elle-même.

Il est un autre cas où le tribunal correctionnel peut être saisi par la
partie civile d'un délit d'usure : c'est celui où un individu lésé se plaint
d'escroquerie dans la même négociation. Mais pour cela il faut que
l'escroquerie soit le fait principal, et qu'il ne soit question de l'usure
que comme circonstance aggravante de l'escroquerie, telle qu'elle est
caractérisée par l'art. 405 du Code pénal.

L'art. 4, alin. 2, de la loi du 3 septembre condamne, outre l'amende
qu'il prononce, le prêteur à un emprisonnement qui ne pourra excéder deux ans, s'il résulte de la procédure qu'il y a eu escroquerie de
sa part.

La loi de 1807 ne statue pas seulement sur les prêts usuraires ou-
vertement stipulés, mais aussi sur ceux qui ont pour but de déguiser
l'usure : tels sont le contrat *pignoratif* et celui appelé *mohatra.*

La disposition par laquelle l'art. 3 de la loi de 1807 n'annulle que la
partie usuraire dans les contrats entachés d'usure, s'applique aussi à
ceux qui sont destinés à masquer un prêt usuraire. Ils produisent tous
les effets licites attachés à la convention que les parties ont eu en réalité
l'intention de conclure.

Un contrat n'est pas nul par cela seul qu'il renferme une simulation dès qu'il n'est pas contraire aux prescriptions de la loi ou à son esprit; sous cette restriction il est permis aux parties de revêtir leurs conventions de la forme qu'elles jugeront convenable.

La preuve testimoniale et les présomptions que la loi, ainsi que nous l'avons déjà expliqué, permet pour établir les faits d'usure en général, sont aussi reçues pour constater la simulation au moyen de laquelle on aurait déguisé un prêt usuraire sous l'apparence d'un autre contrat.

La loi du 3 septembre 1807 ne peut être appliquée aux prêts faits avant sa promulgation; les intérêts, quel que soit leur taux, ne sont pas réductibles quand ils ont été stipulés dans un contrat antérieur à cette loi; la raison en est que dans l'intérêt conventionnel le taux a été la cause génératrice du contrat, et qu'il ne saurait appartenir au législateur d'y apporter aucune modification. Ce principe est d'ailleurs formellement consacré par les termes de l'art. 5 de la loi du 3 septembre : « Il n'est rien innové aux stipulations d'intérêts par con- « trats ou autres actes faits jusqu'au jour de la publication de la pré- « sente loi. »

Maintenant que nous avons parcouru les dispositions de la loi du 3 septembre 1807 sur l'intérêt et les questions transitoires auxquelles il a donné lieu, examinons plus spécialement les dispositions du Code civil sur le prêt à intérêt.

L'art. 1906 porte : « L'emprunteur qui a payé des intérêts qui n'é- « taient pas stipulés, ne peut ni les répéter, ni les imputer sur le ca- « pital. » L'emprunteur est censé avoir voulu reconnaître le service qui lui a été rendu; il a acquitté une sorte d'obligation naturelle : or, celui qui a acquitté volontairement une obligation naturelle, ne peut répéter ce qu'il a payé (art. 1235, alin. 2). Il en serait autrement si par erreur le débiteur avait payé des intérêts plus forts que ceux qui ont été stipulés, la répétition ou l'imputation sur le capital lui serait permise pour le surplus. Cette restitution serait fondée à la fois sur l'erreur du débiteur et sur le dol de la part du créancier.

L'art. 1907, al. 2, exige que le taux de l'intérêt soit stipulé par écrit.
C'est dans le but de mettre un frein à la cupidité des prêteurs, et
d'éviter aux parties au moyen d'une convention écrite, des contesta-
tions inutiles. Dans le cas de non-stipulation d'intérêts on doit s'en
référer à l'intention présumée des parties, et aux circonstances dans
lesquelles le prêt a été fait; s'il est reconnu que la non-stipulation d'intérêts n'est que le résultat d'une simple omission, ils pourront être
exigés au taux légal, car le prêt sera censé avoir été fait sous la condition des intérêts, et cette condition doit être exécutée.

Il est un cas où la loi interdit expressément au créancier de demander des intérêts pour une somme prêtée; c'est celui de l'art. 1908:
« La quittance du capital donnée sans réserve des intérêts en fait pré-
« sumer le payement, et en opère la libération. »

On a prétendu que la présomption dont il est question dans cet article, n'est que *juris tantùm*, et doit par conséquent céder devant la
preuve contraire.

On peut soutenir qu'il s'agit ici d'une présomption *juris et de jure*.
La présomption établie par l'art. 1908 est légale; or, l'art. 1352, al. 1,
porte que la présomption légale dispense de toute preuve celui au profit
duquel elle existe. D'ailleurs l'art. 1908 ne dit pas seulement que la
quittance du capital donnée sans réserve des intérêts *en fait présumer
le payement;* mais il ajoute encore *et en opère la libération.* Cette dernière proposition n'est que l'effet d'une présomption légale *juris et de
jure.*

Lorsque le débiteur n'acquitte pas régulièrement les intérêts, le
créancier peut exiger le remboursement de la somme, non en vertu de
la condition résolutoire dont traite l'art. 1184, car elle ne s'applique
qu'aux contrats synallagmatiques parfaits, tandis que le prêt n'est que
synallagmatique imparfait, mais en vertu de l'art. 1912. Cet article,
en traitant du contrat de constitution de rente, dans lequel le capital
est en règle générale inexigible, en autorise par exception la restitution au prêteur, si les arrérages ne sont pas payés dans un certain dé-

lai; à plus forte raison le capital peut-il être redemandé dans le simple prêt dont l'objet est essentiellement restituable.

Si le taux de l'intérêt n'a pas été stipulé, c'est au juge à le fixer.

Les intérêts s'éteignent, comme les obligations, par la remise, par la compensation, par la confusion et par la consignation faite après offres réelles; ils s'éteignent encore, de quelque espèce qu'ils soient, par la prescription de cinq ans (art. 2277).

CHAPITRE III.

DE LA CONSTITUTION DE RENTE.

La constitution de rente est un contrat par lequel l'une des parties, moyennant un capital en général inexigible qu'elle reçoit de l'autre, s'oblige à lui payer annuellement une somme d'argent, ou à lui faire remise d'une quantité déterminée de denrées. Ces prestations se nomment arrérages.

Celui qui constitue la rente s'appelle *débi-rentier,* ou simplement débiteur de la rente, et celui au profit de qui elle est constituée, est appelé *crédi-rentier* ou créancier de la rente.

Le prix ou la cause de ce contrat est de la part du crédi-rentier, la remise d'un capital qu'il s'interdit d'exiger (art. 1909); ce capital est une somme d'argent ou la cession de quelque autre chose mobilière. Ou bien le capital est établi comme prix de la vente d'un immeuble, ou comme condition de la cession à titre onéreux ou gratuit de fonds immobiliers.

Sous le rapport de sa durée la rente peut être constituée de deux manières : en perpétuel ou en viager.

La rente perpétuelle est celle qui passe des mains du crédi-rentier dans celle de ses héritiers à perpétuité.

La rente viagère au contraire n'est pas illimitée; elle est, quant à sa durée, soumise à l'existence plus ou moins longue de la personne au profit de laquelle elle a été constituée, et rentre comme telle dans la classe des contrats aléatoires.

La constitution de rente n'était pas connue en Droit romain, elle commença d'être généralement usitée vers le treizième ou le quatorzième siècle. Comme le prêt à intérêt était défendu par le Droit civil et par le Droit canonique, on éluda cette prohibition, en imaginant de tirer un revenu de l'argent en aliénant à toujours le capital. Le prêt à intérêt se trouva ainsi dissimulé sous les apparences d'une vente; c'est dans l'aliénation du capital qu'il ressemblait le plus à ce contrat. Cependant cette aliénation, si impérieusement exigée pour la perfection du contrat de constitution de rente, n'était que fictive, puisque ce n'était que par la restitution de ce capital que le débiteur de la rente pouvait l'éteindre. Mais le caractère de l'inaliénabilité se tirait surtout de ce que le créancier ne pouvait exiger le remboursement du capital, et de cette inexigibilité on faisait résulter un dessaisissement absolu.

Malgré cette assimilation, il n'en a pas moins existé dès le principe des différences essentielles entre ces deux contrats. D'abord la constitution de rente n'est pas, comme la vente, un contrat consensuel, mais réel; elle ne devient parfaite que par la tradition, conformément à l'une des conditions essentielles du prêt dont elle n'est qu'une espèce.

Le contrat de constitution de rente n'est pas non plus, comme la vente, un contrat synallagmatique parfait; le débiteur qui constitue la rente, contracte seul une obligation principale, laquelle consiste dans le payement des arrérages. C'est là sa seule obligation; il n'est pas obligé, en thèse générale, de restituer le capital de la rente; c'est en quoi le contrat de constitution de rente diffère du prêt à intérêt.

Mais, du reste, il existe de grands rapports entre ces deux contrats: la rente annuelle et perpétuelle que paye le débiteur, présente une grande analogie avec le service des intérêts d'une somme prêtée, jusqu'à l'époque du remboursement; de plus, le débi-rentier, quoiqu'il ne soit, à proprement parler, que débiteur de la rente, peut être, comme dans le prêt à intérêt, tenu à la prestation du capital, s'il ne remplit pas l'obligation qui lui est imposée par le contrat.

Ce sont ces points de ressemblance qui soulevèrent dans le principe quelques doutes sur la légitimité du contrat de constitution de rente, mais ils furent dissipés par la bulle *regimini*, lancée par Martin V, en 1423, et par une autre bulle du même nom, rendue par Calixte III, en 1455, et par l'approbation que l'Église donna à ces décisions.

Il y a deux espèces de rentes perpétuelles, celle qui est établie moyennant une somme d'argent ou toute autre chose mobilière (C. c., art. 1905-1909) ; on la désigne sous le nom de *rente constituée ;* et celle qui est établie pour le prix de la vente d'un immeuble ou comme condition de la cession d'un fonds immobilier (C. c., art. 530) : c'est la *rente réservée,* autrefois on l'appelait *rente foncière.* La première de ces deux espèces de rentes se rapproche davantage du prêt, et la seconde constitue plutôt une aliénation à titre onéreux ou gratuit.

Dans la législation actuelle, où le prêt à intérêt n'est plus défendu, on n'a plus besoin de donner à la constitution de rente la couleur d'une vente, et l'on peut reconnaître qu'elle est réellement un contrat de prêt à intérêt modifié; la modification consiste en ce que dans le prêt à intérêt le prêteur peut redemander le capital à un terme convenu, tandis que par la nature même du contrat de constitution de rente on renonce à ce droit.

Cette renonciation n'a pas besoin d'être expresse ; elle peut résulter implicitement de l'ensemble des clauses du contrat ou des expressions dont les parties ont fait usage pour déterminer leurs obligations ou leurs droits respectifs.

La rente constituée en perpétuel, est essentiellement rachetable quant au débiteur dont la loi a toujours pour but de favoriser la libération. Cette condition est essentielle à la rente constituée (art. 1911).

Il n'est pas conforme aux principes de Droit naturel qu'un homme, ainsi que ses héritiers, puissent rester à jamais enchaînés par les liens d'une obligation. Dans l'ancien Droit, l'art. 1911 était toujours applicable; toute clause qui avait pour but d'empécher le débiteur de se libérer à volonté, dénaturait le contrat de constitution de rente, et lui donnait le caractère d'un prêt déguisé : d'où il résultait que ce qui avait été payé à titre d'arrérage, n'était en réalité qu'un intérêt qui, à ce titre, était imputable sur le capital que le débiteur pouvait rembourser quand il lui plairait, malgré toute clause contraire.

Les rédacteurs du Code civil ont, à cet égard, introduit une modification par les termes de l'art. 1911, al. 2 : « Les parties peuvent seu« lement convenir que le rachat ne sera pas fait avant un délai qui « ne pourra excéder dix ans, ou sans avoir averti le créancier au terme « d'avance qu'elles auront déterminé. »

La durée pendant laquelle le rachat ne doit point se faire ne peut donc être stipulée au delà de dix ans. Si ce délai avait été dépassé, cette clause, contraire aux termes de la loi, ne serait pas entièrement annulée, mais le délai serait simplement réductible à dix ans.

Du moment que le contrat de constitution de rente est envisagé comme un prêt à intérêt modifié, on peut lui appliquer les règles générales du prêt. Si donc le débiteur laisse plusieurs héritiers, chacun d'eux contribuera au payement de la rente dans la proportion de sa part héréditaire. Il en est de même pour le remboursement du capital, chacun des héritiers n'y contribuera que divisément pour sa part.

Une autre conséquence, attachée aux rapports qui existent entre le prêt à intérêt et la rente constituée, consiste en ce qu'on doit appliquer à cette dernière les lois de l'usure relativement à l'élevation du taux.

L'inexigibilité du capital de la rente de la part du créancier est sujette à deux exceptions :

1° Lorsque le débiteur cesse de remplir ses obligations pendant deux ans.

Certains auteurs prétendent que ces deux années ne commencent à courir que du jour fixé pour la première échéance annuelle. Nous croyons que 'e débiteur est en retard par cela seul que deux années

T   5.

consécutives d'arrérages sont échues. Lorsque la rente est portable, c'est-à-dire, quand les arrérages doivent être payés au domicile du créancier ou en un lieu désigné par le contrat, le créancier a le droit de se faire rembourser, par cela seul que les arrérages n'ont pas été payés, sans qu'il soit besoin que le débiteur ait été constitué en demeure par une sommation. Il s'agit moins de prononcer la résolution du contrat de constitution de rente, que de relever le créancier de la renonciation conditionnelle par lui faite à la faculté d'exiger le remboursement. Voilà pourquoi l'art. 1912 ne fait pas dépendre le droit de contraindre le débiteur au remboursement de sa mise en demeure. De là il résulte qu'on aurait tort de supposer que l'art. 1912 consacre, par exception à l'art. 1139, la maxime : *dies interpellat pro homine.* Cependant le débiteur ne pourrait être contraint au remboursement s'il avait été entravé dans l'acquittement exact des arrérages par la faute du créancier.

La rente est quérable quand les arrérages doivent être demandés au domicile du débiteur, soit en vertu d'une convention, soit à cause de non-indication du lieu du payement, circonstance qui suffit pour lui donner la nature de rente quérable. Le remboursement, dans ce cas, ne peut être exigé qu'après que le débiteur a été constitué en demeure par une sommation.

2° L'inexigibilité du capital de la rente souffre encore exception, lorsque le débiteur manque à fournir les sûretés promises par le contrat, et qu'il diminue, par son fait, celles qu'il a fournies.

S'il ne résultait pas expressément des termes du contrat que le prêteur tient spécialement à obtenir les sûretés qui lui ont été promises, il semble que l'emprunteur aurait la faculté d'en fournir d'équivalentes. Si, par exemple, il avait promis de fournir une caution et qu'il n'en pût ensuite trouver une convenable, il devrait être admis à fournir un gage suffisant par argument de l'art. 2041, qui décide ainsi à l'égard de celui qui, obligé par la loi ou par un jugement à en fournir une, n'a pu en trouver.

On peut assimiler au débiteur qui n'a pas fourni les sûretés promises par le contrat, celui qui par son fait les a diminuées. Tel est le cas où il aurait fait démolir la maison grevée d'hypothèque au profit du crédi-rentier. Si, au contraire, la sûreté donnée avait été diminuée sans la faute du débiteur, comme par accident, il devrait être admis à fournir un supplément d'hypothèque, sinon le remboursement pourrait être exigé en vertu des dispositions de l'art. 2131 du Code civil, qui, en cas de perte ou de dégradation de l'immeuble hypothéqué, permet au créancier de poursuivre le remboursement ou de demander un supplément d'hypothèque.

Enfin, l'art. 1188 place sur la même ligne que le débiteur qui par son fait a diminué les sûretés fournies, celui qui est tombé en état de faillite ou de déconfiture.

Il est encore un autre cas où l'inexigibilité du capital de la rente est sujette à exception, c'est celui où le tiers-détenteur d'un immeuble hypothéqué à la rente remplit les formalités nécessaires pour purger, avec déclaration qu'il est prêt à payer les dettes et charges hypothécaires jusqu'à concurrence de son prix, sans distinction des dettes exigibles ou non exigibles (art. 2184).

Les rentes constituées peuvent s'éteindre de différentes manières; elles s'éteignent :

1° Par le rachat, qui est le mode d'extinction le plus fréquent; il est de l'essence du contrat, et serait permis lors même que le débiteur eût renoncé à cette faculté par une clause expresse. Ce rachat peut être demandé, non-seulement par le débiteur et ses héritiers, mais encore par tous ceux qui sont tenus de la rente, soit personnellement, comme cautions de la solvabilité du débiteur, soit hypothécairement, comme détenteurs des biens affectés à l'acquittement de cette rente.

2° Par la compensation. Le rachat de la rente s'opère de cette manière quand le propriétaire de la rente se trouve devoir lui-même une somme exigible au débiteur de la rente. Mais cette compensation n'opère extinction de la rente que du jour où le débiteur a déclaré au créancier de la rente qu'il voulait la racheter ; les arrérages courent jusqu'à cette déclaration.

3° Par la confusion, c'est-à-dire par la réunion sur la même tête des qualités de débi-rentier et de crédi-rentier.

4° Par la prescription. La vente s'éteint par la prescription lorsque pendant trente années consécutives il n'y a pas eu prestation d'arrérages, et qu'il n'a été fait à cet égard aucun acte interruptif de prescription.

PROCÉDURE CIVILE.

DE L'APPEL.

La personne dont les droits ont été injustement lésés par un jugement, peut, en certains cas déterminés par la loi, se pourvoir contre ce jugement pour le faire réformer ou annuler.

Mais le législateur ne voulant pas que cette première décision fût modifiée par le juge même qui l'avait portée, a prescrit aux parties de recourir à un juge d'un degré supérieur.

Cette voie de recours est l'appel, par lequel une partie condamnée dans une juridiction inférieure défère le jugement au tribunal supérieur dans le but de le faire réformer pour incompétence, pour irrégularité ou pour mal jugé.

L'appel est toujours porté au tribunal supérieur d'un degré à celui qui a rendu le jugement; c'est au tribunal de première instance si le jugement est émané d'un juge de paix; c'est à la cour royale s'il a été prononcé en première instance.

L'appel est *principal* ou *incident*.

L'appel principal est celui qu'interjette d'abord l'une des parties qui a succombé en première instance, peu importe que ce recours ait pour but la réformation entière du jugement ou seulement quelques-uns de ses points. L'appel principal consiste uniquement dans la priorité du pourvoi de la part de l'une des parties.

L'appel incident est celui qui est interjeté accessoirement à un autre appel, soit par celui qui a interjeté l'appel principal, soit par l'autre partie. Il est interjeté par l'appelant principal, lorsque, pour écarter son appel et soutenir le jugement dont il se plaint, on lui oppose un autre jugement encore sujet à l'appel. Il est interjeté par l'intimé, lorsque celui-ci a lieu de se plaindre du jugement contre lequel s'est déjà pourvu l'appelant.

L'appel formé en temps utile a deux effets:

1° De suspendre l'exécution du jugement attaqué sous les modifications qui seront indiquées;

2° De remettre la contestation dans l'état où elle se trouvait avant le premier jugement, et de substituer ainsi entièrement au premier juge (*judex a quo*) le juge d'appel (*judex ad quem*); c'est en ce sens que l'on dit que l'appel est dévolutif, parce que la contestation est dévolue ou déférée à un autre tribunal. Par l'appel le contrat judiciaire, formé d'abord entre les parties, se trouve résolu, sauf à renaître par la décision même du tribunal d'appel s'il vient à confirmer le premier jugement; en ce cas le pouvoir dévolutif cesse d'avoir lieu, et l'exécution du jugement appartiendra au tribunal dont est appel. Si, au contraire, le jugement est réformé, le juge d'appel a l'option ou de se réserver l'exécution, ou d'en investir un tribunal autre que celui dont est émané le jugement (art. 472).

Quels sont les jugements susceptibles d'appel, et quels sont ceux qui n'en sont pas susceptibles?

On peut appeler de tous les jugements qui ne sont pas rendus en dernier ressort. Si un jugement susceptible d'appel était improprement qualifié en dernier ressort, il n'en pourrait pas moins être porté devant le tribunal d'appel. Il ne doit pas dépendre du premier juge de priver les parties du bénéfice que la loi leur accorde, de faire réformer le jugement qui leur préjudicie quand elles en ont le droit.

Réciproquement, ne sont pas sujets à appel les jugements non qualifiés ou qualifiés de premier ressort quand ils devaient être rendus en dernier ressort. La recevabilité de l'appel ne dépend nullement de la qualification du jugement (art. 453).

L'appel est recevable lors même que le jugement eût dû être rendu en dernier ressort, quand le tribunal qui l'a rendu était incompétent, par la raison que les tribunaux ne doivent pas dépasser les limites des pouvoirs qui leur ont été confiés (art. 454).

Les jugements préparatoires ne sont pas susceptibles d'un appel à part; rendus seulement pour l'instruction de la cause, ils ne préjugent nullement le fond; il n'y a pas de *judicatum*, et dès lors on ne peut pas en appeler; ils se confondent avec le jugement définitif dont l'appel comprend implicitement celui du jugement préparatoire.

L'appel est ouvert contre les jugements interlocutoires. Par le jugement interlocutoire le tribunal ordonne aussi une preuve, une vérification ou une instruction, comme par le jugement préparatoire; mais à la différence de ce dernier, l'interlocutoire préjuge le fond (art. 452). La partie qui dans ce cas se trouverait lésée par un jugement dont elle aurait à redouter les suites, ne doit point être obligée d'attendre le jugement définitif. On peut même appeler d'un jugement interlocutoire avant le jugement définitif, s'il est rendu mal à propos, parce qu'il préjuge le fond et préjudicie par cela seul qu'il est rendu. Le jugement interlocutoire, tant qu'il n'a pas été exécuté ou qu'il n'y a pas été acquiescé de toute autre manière, est susceptible d'appel, non-seulement avant, mais aussi après le jugement définitif, ou encore en même temps que ce dernier.

On peut aussi appeler du jugement provisoire par lequel le tribunal voyant que la contestation ne peut se décider actuellement, obvie aux inconvénients qui pourraient résulter de ce retard, en ordonnant ce qu'exigent les circonstances (art. 431).

Le jugement par défaut, comme le jugement contradictoire, peut être attaqué par l'appel, mais seulement après le délai de l'opposition.

Dans quels délais on peut appeler.

Le délai d'appel de tout jugement contradictoire ou par défaut est de trois mois francs.

Ce délai ne commence à courir qu'à partir de la signification du jugement faite à partie ou à domicile. Ce délai n'est pas susceptible, en règle générale, d'être prorogé à raison de l'augmentation de distance pour la partie qui veut interjeter appel, si ce n'est dans les cas exceptionnels des art. 445 et 446. L'art. 445 accorde à ceux qui demeurent hors la France continentale, outre les trois mois depuis la signification du jugement, le délai des ajournements réglé par l'art. 73 du Code de procédure. L'art. 446 ajoute : « Ceux qui sont absents du territoire eu-« ropéen du royaume, pour service de terre ou de mer, ou employés « dans les négociations extérieures pour le service de l'État, auront pour « interjeter appel, outre le délai de trois mois depuis la signification du « jugement, le délai d'une année. »

Le délai d'appel pour les jugements par défaut ne commence à courir que du jour où l'opposition n'est plus recevable. L'intimé pourra néanmoins interjeter incidemment appel en tout état de cause, quand même il aurait signifié le jugement sans protestation (art. 443).

Dans le cas où le jugement a été rendu sur pièce fausse, le délai d'appel ne commence à courir que du jour où le faux a été reconnu ou juridiquement constaté; et si le jugement a condamné la partie faute d'avoir représenté une pièce décisive qui était retenue par son adversaire, le recours sera ouvert du jour où la pièce a été recouvrée, pourvu qu'il y ait preuve par écrit du jour de la découverte et non autrement (art. 448).

Si le jugement est préparatoire, le délai courra du jour de la signification du jugement définitif, puisque, suivant les termes de l'art. 451, l'appel d'un jugement préparatoire ne peut être interjeté qu'après le jugement définitif, et conjointement avec l'appel de ce jugement.

Les délais de l'appel sont de rigueur; si on les dépasse, cette voie de recours n'est plus permise. Ils courent contre toutes personnes, même contre le mineur non émancipé, mais seulement du jour où le jugement aura été signifié tant au tuteur qu'au subrogé tuteur, lors même que ce dernier n'aurait pas été en cause; il sera responsable tout comme le tuteur, s'il laisse passer le délai de trois mois depuis la signification qui lui aura été faite sans avoir pris les mesures nécessaires pour interjeter l'appel quand il aurait dû le faire.

Le délai de l'appel est suspendu par la mort du condamné, pour ne reprendre son cours qu'après la signification du jugement faite au domicile du défunt, et à compter de l'expiration des délais pour faire inventaire et délibérer, si le jugement a été signifié avant l'expiration de ces délais. Cette signification pour être valable doit être faite avec les formalités prescrites en l'art. 61. La signification pourra être faite aux héritiers collectivement, et sans désignation des noms et qualités (art. 447).

Il est certains cas où les délais d'appel sont inférieurs à celui de trois mois. Ces exceptions résultent des art. 763, 392, 377, 736, 723, 730, 734 et 809 du Code de procédure.

De la manière d'appeler.

La manière d'appeler consiste dans un exploit contenant assignation dans les délais de la loi, et signifié à personne ou à domicile, à peine de nullité. L'acte d'appel doit être assujetti à peine de nullité à toutes les règles prescrites à l'exploit d'ajournement en première instance. Mais quoique l'acte d'appel ne soit autre chose qu'un ajournement, et que l'art 61, al. 3, exige que l'exploit d'ajournement contienne l'exposé sommaire des moyens, on n'est pas obligé d'énoncer dans l'acte d'appel l'exposé sommaire des griefs. Dès qu'on appelle, on se plaint du jugement comme n'ayant pas admis les moyens produits en première instance, et l'on fonde sa réclamation sur ces mêmes moyens.

Quant à la forme d'interjeter l'appel incident, il faut observer que cet appel est une demande incidente; or, en cause d'appel une demande incidente doit être formée comme en première instance, c'est-à-dire, par un simple acte, puisque, d'après l'art. 470, on doit suivre dans les tribunaux d'appel les règles établies pour les tribunaux inférieurs, et que dans ceux-ci la demande est formée par simple acte (art. 337).

Effets de l'appel.

L'appel a pour effet de suspendre l'exécution du jugement, quand ce dernier est définitif ou interlocutoire, à moins que l'exécution provisoire n'ait été ordonnée dans les cas autorisés par la loi; l'art. 135 les indique (art. 457). L'appel remet en question ce qui a été décidé. Or, le droit de remettre une décision en question semble emporter celui d'empêcher qu'elle ne soit exécutée, en sorte que l'effet suspensif de l'appel n'est qu'une conséquence de son effet dévolutif.

Si le jugement, dont est appel, devait être rendu en dernier ressort, mais aurait été qualifié par les juges en premier ressort, ou s'il y avait omission de premier ou dernier ressort, l'appel est suspensif, parce que, les juges n'ayant pas prononcé en dernier ressort, on doit présumer que ce jugement est sujet à l'appel jusqu'à ce que le tribunal supérieur ait décidé qu'il est en dernier ressort (art. 457).

L'appel est encore suspensif si le jugement, rendu à la charge de l'appel, n'ordonne pas l'exécution provisoire dans un cas où elle devait être ordonnée.

Comme dans ces deux hypothèses l'exécution du jugement, obtenu par l'intimé, est suspendue par l'effet de l'appel quand elle ne devait pas l'être, il peut, sur simple acte, faire ordonner cette exécution à l'audience avant le jugement de l'appel (art. 458).

Il y a deux cas où l'appel n'est pas suspensif : 1° lorsque le jugement porte qu'il sera exécuté par provision nonobstant appel; 2° lorsque le jugement, qui devait être rendu en premier ressort seulement, a été mal à propos qualifié en dernier ressort. Dans ce dernier cas, et dans celui où l'exécution provisoire a été ordonnée en dehors des cas spécifiés par la loi, l'appelant peut faire suspendre l'exécution, en assignant l'intimé à bref délai à l'audience pour obtenir des défenses d'exécuter, sans qu'il puisse en être accordé sur requête non communiquée. En aucun autre cas il ne pourra être accordé des défenses, ni être rendu aucun jugement tendant à arrêter directement ou indirectement l'exécution du jugement, à peine de nullité (art. 460).

De l'instruction sur appel.

Pour la marche à suivre sur l'appel, il faut distinguer si l'affaire est sommaire ou non sommaire. Si elle est sommaire, l'appel est porté à l'audience sur simple acte, sans autre procédure. Comme l'art. 470 prescrit, pour l'appel, l'observation des règles établies pour les tribunaux inférieurs, on doit, pour l'instruction des affaires, s'en référer à l'art. 405, qui décide en première instance ce que l'art. 463 décide en cause d'appel. En cause d'appel, l'assignation une fois donnée, l'audience pourra être suivie sans écritures préalables, les griefs seront exposés à l'audience sans avoir été signifiés dans une requête de la part de l'appelant. Il en sera de même des autres jugements lorsque l'intimé n'aura pas comparu.

Si l'affaire est non sommaire, l'appelant, dans la huitaine de la constitution d'avoué par l'intimé, signifiera ses griefs contre le jugement, l'audience sera poursuivie sans autre procédure.

En cause d'appel il ne peut être formé aucune demande nouvelle, c'est-à-dire, aucune demande qui n'aurait pas été comprise dans l'action introduite en première instance. Cette règle souffre exception : 1° quand il s'agit de compensation; 2° quand la demande nouvelle est la défense contre l'action principale; 3° quand il s'agit d'intérêts, arrérages, loyers et autres accessoires échus depuis le jugement de première instance; 4° quand il s'agit de dommages-intérêts pour préjudice souffert depuis le jugement (art. 464).

Autoriser, hors ces exceptions, l'une des parties à présenter en appel une demande qui n'a pas été soumise aux premiers juges, ce serait l'autoriser à enlever à son adversaire le bénéfice des deux degrés de juridiction et exposer les cours d'appel à rendre des jugements erronés sur des questions qui n'auraient pas été suffisamment examinées.

Dans les cas prévus par l'art. 464, les nouvelles demandes et exceptions du défendeur doivent être formées par de simples actes de conclusions motivées. Il en serait de même dans le cas où les parties voudraient changer ou modifier leurs conclusions (art. 465).

En matière d'appel aucune intervention n'est admise, si ce n'est de la part de ceux qui avaient droit de former tierce opposition au jugement de première instance (art. 466).

La péremption a pour effet de donner au jugement, dont est appel, la force de chose jugée (art. 469). Elle s'acquiert, en cause d'appel, suivant les mêmes délais et les mêmes formes que devant les premiers juges (art. 397), sauf la différence essentielle, qu'en première instance la procédure seule se trouve éteinte et non l'action, à moins qu'elle ne soit prescrite ou anéantie d'une autre manière; tandis que s'il y a péremption sur l'appel du jugement, la partie condamnée étant présumée avoir renoncé à son pourvoi, ce jugement acquiert dès lors force de chose jugée.

S'il y a eu défaut de la part de l'appelant ou de l'intimé, les règles prescrites devant les premiers juges, ainsi que celles qui régissent l'opposition, deviennent applicables.

Du jugement sur l'appel.

Le jugement sur l'appel se poursuit sur un simple acte, lors même que le jugement, dont on se plaint, est rendu sur instruction par écrit.

La cour royale, si elle le juge nécessaire, peut ordonner une instruction par écrit, mais seulement après qu'il a été reconnu que la voie plus rapide et plus économique de l'instruction verbale ou des plaidoiries est insuffisante (art. 461).

Quant à la manière dont le jugement doit être rendu, l'art. 467

porte, que s'il se forme plus de deux opinions parmi les juges, les plus faibles en nombre sont tenus de se réunir à l'une des deux opinions émises par le plus grand nombre. S'il y a partage, on le vide en appelant un ou plusieurs juges qui n'ont pas connu de l'affaire, et toujours en nombre impair; si tous les juges ont connu de l'affaire, on appelle trois jurisconsultes. Dans l'un et l'autre cas l'affaire est de nouveau plaidée, ou de nouveau rapportée s'il s'agit d'une instruction par écrit (art. 468).

S'il a été interjeté appel d'un jugement interlocutoire, il faut, pour savoir si les juges d'appel peuvent évoquer et juger le fond resté indécis devant les premiers juges, distinguer si le jugement interlocutoire est confirmé ou infirmé. S'il est confirmé, le fond reste devant les premiers juges, lors même qu'il serait en état d'être jugé en même temps que l'appel. Si, au contraire, le jugement est infirmé, et que le fond soit disposé à recevoir une décision définitive, les juges d'appel peuvent statuer en même temps définitivement sur le fond par un seul et même jugement. Il en sera de même dans les cas où les cours royales ou autres tribunaux d'appel infirmeraient, soit pour vice de forme, soit pour toute autre cause, des jugements définitifs (art. 473).

FIN.

9 782014 055030